COMPLOTS D'ARENEMBERG

COMPLOTS

D'ARENEMBERG

Prix : **UN** Franc.

PARIS

E. LACHAUD & Cie, ÉDITEURS

4, Place du Théâtre-Français, 4

1875

LES COMPLOTS

D'ARENEMBERG

Les complots bonapartistes, périodiquement dénoncés par les journaux orléanistes et républicains, n'ont jamais été inventés que pour masquer des intrigues politiques et parlementaires.

On dit aujourd'hui que l'on conspire à Arenemberg... Il y a donc lieu de s'attendre à quelque machiavélique combinaison, préparée pour la rentrée de l'Assemblée de Versailles.

Les délations de la presse révolutionnaire rappellent les ruses du duelliste de comédie. C'est *le coup du Commandeur*. On crie : « Voici les gendarmes ! » et l'adversaire, qui se retourne effrayé, reçoit un coup d'épée dans les reins.

On a crié vingt fois, depuis quatre ans, à la majorité de l'Assemblée : « Voici les Bonapartistes ! » et la majorité de l'Assemblée a reçu chaque fois un coup d'épée dans les reins.

Quand M. Thiers régnait, — ce même M. Thiers qui fraternise aujourd'hui à Vevey avec les communards échappés aux fusillades de l'armée de Versailles, — les Bonapartistes conspiraient tous les mois à Chislehurst. C'est avec ces complots, habilement ourdis par la police parisienne, que les représentants de la France ont successivement voté la Constitution Rivet et les pouvoirs de la dictature. Etourdis par le cri fatidique : « Voici les gendarmes ! » ils ont toléré les scandaleuses spéculations sur les Emprunts ; ils ont accordé l'indemnité de la maison de la place Saint-Georges et favorisé toutes les violences électorales.

C'est avec des conspirations bonapartistes qu'au lendemain du 24 mai, les groupes modérés de l'Assemblée ont été entraînés à favoriser, d'abord le voyage des d'Orléans à Froshdorff, puis les tentatives avortées des monarchistes, et enfin le Septennat.

Depuis le Septennat, le Bonapartisme a fait les frais du ministère Chabaud-Latour, de l'odieuse intrigue de la *pièce* Girerd, de la ridicule comédie du Rapport Savary et du vote de la Constitution du 25 février.

Pourquoi conspire-t-on, aujourd'hui, à Arenemberg ?

Evidemment, parce que quelque chose se prépare chez M. Thiers ou chez M. le duc d'Aumale, chez M. d'Audiffret-Pasquier ou chez M. Gambetta.

Le bruit court de nouvelles alliances et de compromissions nouvelles.

Il y a, en effet, deux coups à porter : l'avénement d'un ministère révolutionnaire qui dénaturera les élections générales, et le vote d'une loi transitoire qui enlèvera l'art. 8 de la Constitution à la polémique de la presse indépendante.

On veut supprimer le droit de révision et faire litière de la volonté nationale.

Voilà tout le secret des complots d'Arenemberg !

Cette nouvelle ruse réussira-t-elle ?

Elle aurait toute chance de réussir à Versailles, si d'ici là l'opinion publique ne s'employait à la déjouer.

La vérité est, qu'on ne conspire pas à Arenemberg.

On n'y conspire pas plus qu'on ne conspirait à Chislehurst, du vivant de l'Empereur, qu'on n'y conspire depuis trois ans, avec l'Impératrice en deuil, et le Prince Impérial tout entier à ses études de Woolwich.

Arenemberg est un asile de souvenirs de famille. Les nombreux visiteurs, accourus auprès de la veuve de Napoléon III et de son fils, ne leur ont apporté que l'expression de leur dévouement et de leur fidélité. Ni réunions politiques, ni conciliabules secrets. Un échange quotidien d'espérances et de regrets, rien de plus ! Beaucoup de souhaits, mais des souhaits généreux, de ceux qui n'atteignent ni le Pouvoir s'exerçant dans la plénitude de son autorité légale, ni la France, dont la volonté s'exercera tôt ou tard !

Les rapports de police, dont s'alimentent les feuilles orléanistes et républicaines, sont à la fois ridicules et odieux. Ridicules, quand ils enveloppent de mystères des visites où nul ne se cache ; odieux, quand ils prêtent aux méditations du parti bonapartiste le caractère d'une conjuration permanente.

Si « conspirer » veut dire penser à la France et rêver sans cesse à son affranchissement,— on conspire à Arenemberg comme on conspire partout où le patriotisme est demeuré sincère.

Si « conspirer » signifie attendre impatiemment la fin d'un régime provisoire, dont le pays n'a ratifié ni l'origine ni les bases, — on conspire à Arenemberg comme on conspire partout où le principe de la Souveraineté nationale est encore respecté.

Mais, si par « conspirer » on entend préparer une révolte, négocier un attentat, provoquer une guerre civile, — on calomnie Arenemberg et ses hôtes !

Jamais un projet de coup d'État violent n'a été porté au Prince Impérial. Jamais un programme politique, basé sur une violation de la légalité actuelle, n'a trouvé accueil auprès des intimes de l'héritier de Napoléon III.

Les susceptibilités vont même si loin, à cet égard, qu'elles exigent jusqu'au respect des individualités, si compromises soient-elles dans les fautes ou dans les crimes, dont souffre la France depuis cinq ans. On sait plaindre, mais on ne sait pas haïr. On souffre, mais on attend, — et l'on attend, non pas avec cette philosophie sombre qui vit de fatalisme, mais avec cette foi ardente qui se nourrit de la religion et du patriotisme.

Il y a, enfin, au foyer de Celle qui fut Souveraine et de Celui qui règnera un jour, une atmosphère de vertu calme et de confiance sereine, qui exclut toute impatience et toute colère.

Le parti bonapartiste a, sans doute, comme tous les partis, ses tempéraments ardents et ses esprits modérés. Il a en revanche ce que n'ont pas les autres: une discipline née du droit et entretenue par le sentiment du devoir.

On a parlé de ses divisions : elles n'existent pas. On a supposé dans ses rangs des jalousies sourdes et d'ardentes rivalités. C'est une calomnie. Les hommes, pris isolément, ont leur nature propre et leur tempérament différent. Tel est apte aux conceptions, tel autre à l'action. Celui-ci veille toujours, cet autre combat sans cesse. Tel ancien ministre, qui a des choses de l'État une expérience incontestée, tempère l'ardeur des nouveaux venus à la vie politique, pendant que tel général, que dominent les souvenirs du passé, réunit préférablement autour de lui les volontaires énergiques et indomptés. C'est la concentration latente de toutes les forces vives du parti. Ce n'est là ni de la rivalité ni de la division !

Ce qui domine, d'ailleurs, encore une fois, cette armée sans cesse grossissante d'amitiés et de dévouements, c'est son unité de vues, c'est la fermeté de ses **convic-**

tions. Elle a un chef naturel : l'héritier des Napoléon ; elle a une loi : la Constitution impériale de 1852 ; elle a un programme : le respect de la Volonté nationale. Elle a enfin un but, bien net, bien défini, invariable : c'est l'Appel au Peuple.

Dans ces conditions, il n'est pas de débats dangereux de la part de tel ou tel de ses membres. Qu'importe que, sur un terrain pareil, des groupes se forment accidentellement, ou même se divisent? Qu'importe la diversité des tactiques proposées et la variété des attitudes? La marche du parti bonapartiste reste invariable, et la foi inébranlable de tous ses membres rend impossible ou sans effet toute tentative d'insubordination ou de défection.

*
* *

Sous le bénéfice de ces indiscrétions, les journaux orléanistes et républicains peuvent donc, pour peu qu'ils le désirent, se rapprocher aisément de la vérité, en ce qui concerne les efforts du parti bonapartiste.

A Arenemberg aujourd'hui, comme hier à Chislehurst, on ne fait pas autre chose que préparer l'avenir, — et on le prépare uniquement par les voies légales.

Le parti bonapartiste a commencé, il y a quatre ans, par se défendre. N'était-ce pas son droit? Cette première tactique lui a réussi : toutes les calomnies infâmes des hommes du 4 septembre sont tombées devant la vérité de l'Histoire.

La seconde tactique a été de s'affirmer. Elle a réussi comme la première. Des élections scandaleusement combattues ont triomphé ; une part importante a été prise aux plus grands événements parlementaires, et l'opinion publique a reconnu qu'elle devait désormais compter avec l'Empire.

La troisième tactique a été de jeter à la Révolution un nouveau défi. Nul ne peut dire que celle-ci ne réussira pas. C'est à son succès que tout le monde travaille. Déjà deux fois vaincue par les Napoléon, la Révolution a pour elle, il est vrai, aujourd'hui, bien des faiblesses, bien des lâchetés et bien des trahisons. Une illustre épée la sert inconsciemment ; des compromissions cyniques, alimentées par des princes, la favorisent dans ses excès ; elle a pour elle l'audace d'une poignée d'ambitieux effrontés et le concours de sympathies étrangères. Tout cela, assurément, lui donne une triple cuirasse qui peut la rendre longtemps invulnérable aux coups d'une aventureuse révolte. Mais il y a une arme contre laquelle se brisent à la longue toutes les résistances, une arme que rien ne saurait émousser, ni les intrigues d'un Parlement qui s'est improvisé souverain, ni les Constitutions issues d'une coalition éphémère, ni les corruptions machiavéliques d'une police affolée : c'est la Volonté nationale.

Cette arme, le parti bonapartiste est le seul qui sache la manier, — et, pour la troisième fois, on verra, nous en avons la conviction, la Révolution frappée et vaincue par un Napoléon.

* *

Quand la calomnie , soldée par l'orléanisme , n'atteint pas le parti bonapartiste dans son ensemble et ne l'éclabousse pas d'un Rapport Savary ; — quand les haïnes misérables de la République ne poursuivent pas les amis de l'Empire , en les frappant par derrière avec un faux, comme la *pièce* Girerd, — haines et calomnies vont aux hôtes augustes de Chislehurst et d'Arenemberg. On jette cyniquement en pâture aux salons de 1830 ou aux tripôts du 4 septembre les noms de l'Impératrice, du Prince impérial, de M. Rouher, du général Fleury, etc., etc., pour broder avec ces noms, mis en avant, autant d'histoires ridicules que de propos odieux. C'est alors qu'on reparle de divisions intestines, de rivalités constantes, de désaveux et d'abdications....

S'il est vrai qu'on ébranle souvent en France, par la guerre des faux bruits, les gouvernements qu'on n'ose attaquer de front, il est vrai au ssique, dans les périodes de transition , c'est par les faux bruits dirigés contre eux, si honteux qu'ils soient, et précisément parce qu'ils révoltent la conscience publique, que les partis acquièrent de la vitalité !

Les Républicains et les Orléanistes n'y ont pas pris garde ; ils ont fait vivre le parti bonapartiste.

Leurs premières exagérations sur la Guerre de 1870 et ses conséquences ont tout d'abord choqué le bon sens des masses. Les insultes à la mémoire de Napoléon III ont irrité tous les honnêtes gens ; puis sont venues contre le Prince impérial, à l'occasion de ses études, les attaques qui ont achevé de provoquer le mépris et le dégoût. Aujourd'hui, la mesure est comble.

On ne songe plus à relever, même dans ce qu'elles ont de puéril, les sottises qui se débitent sur les plus grandes personnalités impériales.

L'Impératrice, qu'on voudrait encore associer à une direction politique militante, a vécu depuis cinq ans dans la pratique la plus pure et la plus touchante des vertus de l'épouse, de la mère et de la femme. Sa douleur, depuis la mort de l'Empereur, n'a cédé qu'à deux sentiments profonds qui la soutiennent et l'animent : l'amour de son fils et l'amour de la France. Toute sa politique est là. Elle a vu grandir son fils, en pensant à la France, et elle pense à la France, en s'enorgueillissant de la valeur de son fils. Tout pour elle est dans cette dualité touchante : un jeune prince qui peut devenir un grand souverain, et un peuple qui, martyrisé par une insurrection odieuse, peut redevenir un grand peuple!

On croit l'Impératrice activement mêlée aux combinaisons politiques commandées ou déjouées alternativement par les événements de France et d'Europe. C'est une erreur. Sa Majesté se tient au contraire à l'écart, aussi bien des bonnes que des mauvaises nouvelles. Elle souffre des unes peut-être autant que des autres. On devine pourquoi. Quand les circonstances éclairent d'une lumière plus intense l'avenir du parti bonapartiste, la mère s'émeut et tremble : c'est le départ de son fils qui s'annonce, — ce départ terrible pour le grand voyage de la vie publique !... Elle voudrait presque que les chances tournassent, elle souhaite malgré elle un insuccès ou une déception... Quelle femme ne comprendra pas cela? Puis, quand la mère a repris courage, c'est la Souveraine qui se souvient et qui pleure, regrettant pour la France de nouveaux délais, qui prolongent l'agonie de la patrie !... Lutte étrange, terrible, incessante, qui tient du martyre, mais qui grandit encore cette physionomie si pleine de charmes, mélange d'héroïsme et de douceur, dont le souvenir ne périra pas.

L'Impératrice n'exerce donc sur la politique du parti

bonapartiste que l'influence bienfaisante d'un patriotisme toujours délicat et toujours prudent. Elle n'a jamais voulu autre chose, et, aujourd'hui moins que jamais, elle songe à sortir des limites qu'elle s'est tracées elle-même, sans contrainte et sans regrets.

Quand sa foi dans l'avenir la conduit à rêver, elle se voit Souveraine, mais quelle souveraineté ! Celle du bien. La Charité redeviendra son Empire. Impératrice-Mère, réfugiée dans une modeste demeure, elle recomposera de mémoire ses listes de secours, pillées aux Tuileries ; et, renouant ainsi la chaîne des événements, elle cherchera à faire oublier son absence depuis le jour où elle dut céder la place à ceux quiont le courage de voiler son image au musée d'Amiens !.....

*
* *

Quant au Prince Impérial, il a pris, au lendemain de son arrivée à Arenemberg, la direction officielle et effective du parti bonapartiste.

Si les journaux révolutionnaires l'ont su, et si c'est là ce qu'ils ont appelé « les complots d'Arenemberg », ils ont donné à un fait exact une signification trompeuse. L'acte était projeté depuis longtemps, — depuis

le jour où le Prince a atteint sa majorité constitution-
nelle, — et il a toujours dû s'accomplir à l'époque où
nous sommes.

Le Prince Impérial avait à terminer ses études clas-
siques et ses études militaires. On sait comment il les a
couronnées ; la presse anglaise nous l'a dit. Il commence
aujourd'hui les études qui font l'homme et qui préparent
le souverain. Sa place est dès lors à la tête du groupe
militant qui a reçu du testament de Napoléon III l'héri-
tage politique de l'Empire.

Cette place, comment la tiendra-t-il ? On le prévoit
déjà.

Le Prince a l'esprit net et prompt. Il est curieux et
avide de savoir. Comme son père, il écoute avec fruit et
parle peu. Ses questions portent juste; il les pose sim-
plement, parfois avec inquiétude, mais toujours avec
sincérité. Il a des impressions déjà faites et des idées
générales très-arrêtées. Mais il aime les réponses fran-
ches, alors même qu'elles le heurtent. On blesse sa
nature loyale en blessant la vérité.

— « On aura toujours, dit-il, le temps de me tromper
« quand je saurai tout ; il serait criminel de me cacher la
« vérité quand je ne sais rien ! »

Sa première préoccupation a été la réparation due à
la mémoire de son père. Il songe néanmoins à l'avenir pour

lui-même qu'au passé pour Celui qui n'est plus. Il a lu
avidement les publications qui attaquent l'Empire et
celles qui le défendent. Il n'en veut aux adversaires de
son père que pour leurs calomnies et non pour leurs
critiques ; il est d'autant plus sensible aux amitiés,
qu'elles s'affirment d'abord devant la tombe de Chislehurst. Il apprend simultanément le bien qu'a fait l'Empire et les fautes qu'on a commises. Il garde le souvenir
du bien, pour l'imiter ; il revient sans cesse sur les fautes,
pour en prévenir le retour. Il n'a pas l'ambition de
commencer, un règne mais de continuer celui que des
catastrophes imméritées ont suspendu.

S'il n'a pas l'expansion de la jeunesse, le Prince en
a toute la vivacité, sans que l'aptitude dominante chez
lui, — la méditation, — perde de ses droits.

Ses facultés physiques sont puissamment viriles ;
elles exigent un exercice constant, durant lequel les
facultés intellectuelles semblent sommeiller. C'est ainsi
qu'il est à la fois homme et enfant, homme quand il
parle, enfant quand il agit. Il soutiendra pendant une
heure une discussion sérieuse, et, l'interlocuteur parti,
il bondira par une fenêtre dans l'allée du jardin, où
l'attendent ses chiens favoris. C'est le trait de l'éducation
anglaise qui perce ! Ses camarades de Woolwich, qui le
voyaient laborieux, se promettaient de le *brimer* dans
les exercices du *sport*. Il a manié l'épée, il a conduit un

cheval, il s'est livré à toutes les hardiesses de la gymnastique, comme le plus agile de tous.

La direction du parti, qu'il a résolûment acceptée, bénéficiera de cette virilité qui déborde et de cette maturité précoce qui s'affirme. Une génération nouvelle a grandi depuis 1870; elle fera escorte au Prince, dans les phases de la propagande active et de la polémique ardente. La jeunesse attire la jeunesse. Mais cette énergie exubérante, qu'aucun parti ne possède, aura pour digue l'expérience des « anciens. »

Les anciens! On s'amuse, dans les journaux orléanistes ou républicains, à les mettre sans cesse en opposition avec les nouvelles recrues de la légion impériale. Le Prince les recherche, au contraire, avec cette humilité respectueuse qui donne tant de prix à son affection. C'est ainsi qu'il aime M. Rouher d'un amour filial ; il l'interroge avec une touchante déférence, et il l'écoute pieusement, toujours charmé par cette parole si profondément convaincue, par cet esprit si élevé et si profond, dont l'unique ambition est, aujourd'hui, de sauver la France par la France.

On croit à Versailles, dans les couloirs parlementaires, à une organisation puissante, mystérieuse, du parti bonapartiste. Le pamphlet Savary a aidé, par une profusion de détails, souvent plaisants, à accréditer ce soupçon.

La vérité est que le parti bonapartiste n'a pas d'organisation proprement dite. Il est, il vit, il se développe de lui-même, sans culture en quelque sorte, puisant sa force dans les entrailles mêmes du pays, et n'ayant besoin, pour demeurer compact et uni, ni d'argent comme les Orléanistes, ni de promesses sinistres comme les Républicains.

Les Révolutionnaires ont une armée d'envieux et de pillards; les Orléanistes ont des groupes d'avides et d'égoïstes. Le parti bonapartiste seul a des fidèles et des croyants. Un Bonapartiste se forme; un Orléaniste s'achète; un Républicain se ramasse...

Le Prince Impérial ne changera rien à cet état de choses. En vue des élections générales, il aura le devoir de présider à une concentration des forces dirigeantes du parti. Il faudra lutter alors, et lutter résolûment; une organisation sera nécessaire, ne fût-ce que pour atténuer autant que possible l'inégalité de situation entre les partis aux prises. Mais cette organisation ne procédera ni du régime révolutionnaire, qui vit de sociétés secrètes, ni du régime orléanisme, qui vit de corruption.

*
* *

M. Rouher perdra-t-il le rang que lui ont assigné ses services, son expérience et l'incontestable supériorité de son génie politique? Personne ne le souhaite. Comme il est dit plus haut, la variété des caractères, des valeurs et des tempéraments peut provoquer, au sein des conseils du parti, certaines divergences d'opinion, mais jamais un conflit sérieux ni une division durable. C'est que M. Rouher a su précisément tenir compte toujours de cette variété, et qu'il n'a comprimé les ardeurs et les impatiences qu'au moment où il eût été dangereux de les laisser libres. Ceux-là même qui se sont senti paralysés en ont su gré, après réflexion, à l'esprit éclairé qui les avait retenus !

Les anecdotes pleuvent sur ces incidents toujours dénaturés. Des noms sont systématiquement mis en avant. On dénonce périodiquement des résistances du général Fleury, des mécontentements de M. Émile Ollivier, des coalitions du groupe « corse », ou cent autres billevesés, dont s'alimentent les salons de la coalition orléano-républicaine.

C'est vainement que ces excitations se produisent.

Elles n'irritent ni ne troublent personne. Dans le parti bonapartiste, les individualités marquantes savent se placer à leur rang, et aucune d'elles ne fait de sérieuse tentative pour en sortir. M. Rouher en a été spontanément déclaré le chef, par le droit du talent; il en est resté le guide le plus éclairé et le plus sage.

Tous les progrès réalisés depuis quatre ans par l'idée impériale lui sont dus. C'est lui qui a conduit la nef désemparée de l'Empire à travers les récifs du régime de M. Thiers; c'est lui qui l'a embossée courageusement, le 24 mai, devant la dictature du « sinistre Vieillard; » c'est lui qui l'a manœuvrée dans les eaux nouvelles du Septennat; c'est lui, enfin, qui la tient en évolutions constantes à travers les groupes coalisés de la Droite et de la Gauche.

Quand une personnalité s'agite ou se révèle, on l'oppose à M. Rouher. Hier, on a parlé de M. Raoul Duval; demain, on désignera peut-être M. Magne ou M. La Roncière Le Noury. Encore une fois, ces provocations restent sans effet. M. Rouher a été souvent le promoteur des incidents qu'on a dénoncés contre son autorité. Tel discours retentissant est l'œuvre de ses conseils; telle tactique heureuse est due à son inspiration.

A Arenemberg, où il est arrivé seul, après la foule, M. Rouher résume les impressions, dégage le vrai et le possible, et c'est surtout dans l'œuvre si délicate de l'initiation du Prince Impérial aux devoirs de la souveraineté prochaine, que se manifeste la puissance de l'homme d'Etat. — « Il faut attendre souvent, avant de « juger les pères, de connaître les fils ! » a dit un philosophe. C'est par le troisième Empire et sous le quatrième Napoléon, qu'on connaîtra bien M. Rouher.

*
* *

Nous concluons :

Les conditions d'existence du parti bonapartiste n'ont pas changé. Le séjour d'Arenemberg ne sera que la date de l'avénement du Prince Impérial au rôle précurseur qui lui est échu depuis le 16 mars 1874. L'action politique des fidèles de l'Empire restera ce qu'elle a été depuis quatre ans : légale et prudente. Les complots, les projets de coup d'État, les plans ténébreux d'agitation et de révolte demeureront autant d'inventions haineuses et grossières des partis adverses.

Mais ce qui sera vrai demain, comme cela était vrai hier, c'est la foi inébranlable qui anime le Bonapartisme.

Rien ne le domptera. Il résistera aux trahisons et aux violences ; il affrontera toutes les injures et toutes les menaces ; il vivra du péril dont on l'entoure et des intrigues même dont il est le prétexte ; il défiera les coalitions de la peur comme les persécutions de l'arbitraire.

« *Je sers,* » était la devise d'un des grands de l'Empire.

« *Je crois,* » est devenu la devise de ses fidèles.

Ils croient au succès, en dépit des revers ; ils croient à la réparation, en dépit des ruines amoncelées et des crimes impunis.

Pourquoi ? Parce qu'ils croient à la France.

Ils vivent dans la conviction que la France ne peut appartenir plus longtemps à ceux qui l'ont livrée, par une révolution, aux mains de l'étranger ; à ceux qui l'ont exploitée, pour garder le pouvoir ; à ceux qui l'ont jouée pour exercer la dictature ; à ceux qui se sont octroyé l'autorité souveraine pour annihiler la volonté de tous ; — à ceux, enfin, qui, spéculant sur sa faiblesse et ses souffrances, tentent chaque jour de nouvelles expériences au profit de leur ambition !

Une voix vient de dire : — « Je ne connais pas d'au-« tre politique que celle de l'amour de la patrie ! »

Une autre voix a répondu : — « On n'aime bien la « France qu'en l'aimant pour elle et non pour soi ! »

C'est cette seconde voix que les bonapartistes écoutent.

Elle est venue d'Arenemberg.....

Paris. — Imprimerie Lefebvre, pass. du Caire, 87 et 89.

9 7 8 2 0 1 3 1 8 3 5 4 3